CASTOR ET POLLUX,

TRAGÉDIE,

REPRÉSENTÉE, POUR LA PREMIERE FOIS,

PAR L'ACADÉMIE-ROYALE DE MUSIQUE,

Le 24 Octobre 1737,

Reprise le 8 Janvier 1764, le Mardi 24 Janvier 1764,

Et remise au Théâtre

Le Mardi 21 Janvier 1772.

PRIX XXX. SOLS.

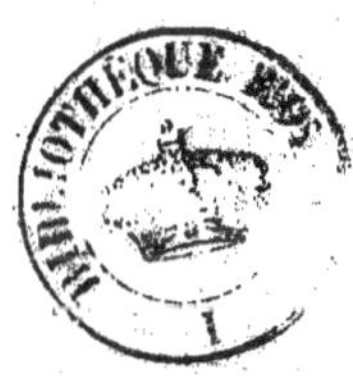

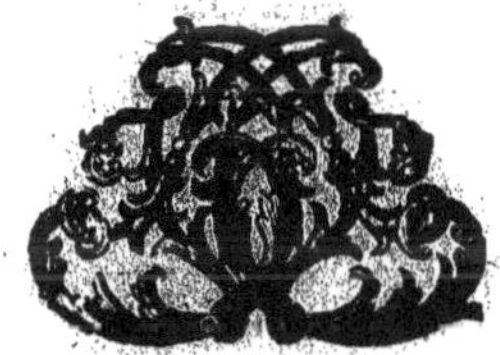

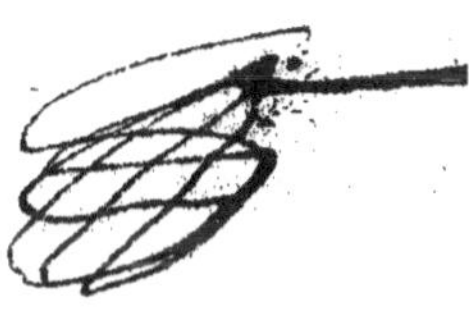

AUX DÉPENS DE L'ACADÉMIE.

A PARIS, Chés DE LORMEL, Imprimeur de ladite Académie, rue du Foin, à l'Image Sainte Genevieve.

On trouvera des Exemplaires du Poeme à la Salle de l'Opera.

M. DCC. LXXII.

AVEC APPROBATION ET PRIVILEGE DU ROI.

(1)

Le Poeme est de M. BERNARD.

La Musique est de RAMEAU.

ACTEURS CHANTANTS.

DANS LES CHŒURS.

Côté du Roi.		Côté de la Reine.	
Meſdemoiſelles.	*Meſſieurs.*	*Meſdemoiſelles.*	*Meſſieurs.*
d'Hautrive.	Héri.	du Puis.	l'Écuyer.
Garrus.	Cailteau.	Floquet.	Albert.
de Laurette.	Van-Hecke.	Hebert.	Tourcati.
Durand.	Vatelin.	d'Agée.	Pâris.
Fontenet.	Larlat.	des Roſieres.	Ghuiot.
l'Etienne.	Lagier.	Jouette.	Capoi.
Renard.	Martin.	de l'Or.	Larſſure.
Girardin.	Deſſart.	Chenais.	Marnieſſe.
Veron.	Méon.	Denis, l.	Boi.
le Queulx.	Cleret.	Rouxelin.	Laurent.
le Fevre.	Beghaim.	de Merei.	Huet.
la Guerre.	Tacuſſet.	Quinſon.	Parant, c.
Thibault.	Baillion.	S. Julien.	Itaſſe.
Héri.	Royer.		Jalaguier.
	Cazal.		Jouve.
	de Lori.		Noelle.
	Clairembeault.		Gouzet.

ACTEURS
DE LA TRAGÉDIE.

POLLUX,	M. Gélin.
CASTOR,	M. le Gros.
TELAÏRE,	Mlle Arnould.
PHÉBÉ,	Mlle du Plant.
JUPITER,	M. Durand.
MERCURE,	M. Muguet.
CLÉONE, *Confidente de* PHÉBÉ,	Mlle Durancy.
LE GRAND-PRÊTRE *de* JUPITER,	M. Beauvalet.
Un SPARTIATE,	M. Caſſaignade.
Une VOIX,	M. Muguet.
Une autre VOIX,	M. Durand.
Un ATHLETE,	M. Muguet.
Une SUIVANTE d'*Hébé*,	Mlle Beaumeſnil.
Une OMBRE HEUREUSE,	Mlle Beaumeſnil.

SPARTIATES.
GUERRIERS combattants.
PLAISIRS CELESTES.
PUISSANCES MAGIQUES.
DÉMONS.
OMBRES HEUREUSES.
PEUPLES.

PERSONNAGES DANSANTS
DE LA TRAGÉDIE.

ACTE PREMIER.

SPARTIATES.

M. SIMONIN, Mlle D'ERVIEUX.

Mlle PESLIN.

Mrs. Trupti, Duchaiſne, Huart, Aubri, James, le Roi, 1, Desbordes, Baux.

Mlles Roſé, Martin, le Houx, Jonveau, Piccini, Stéphanie, Murès, Montauban.

ACTE SECOND.

LUTTEURS.

M. d'AUBERVAL, M. ROGIER.

Mrs Beaulieu, Gallet, James, Henri, Duchaiſne, Rivet, Dumont, Huart.

Mrs Leger, Granier, Abraham, le Fevre, le Roi, l., Hennequin, l., Guillet, Simonet.

GUERRIER.

M. GARDEL.

SPARTIATES.

Mlle ALLARD.

M[rs]. Trupti, Duchaiſne, Huart, Aubri, James, le Roi, I, Desbordes, Baux.

Mlles Roſé, Martin, le Houx, Jonveau, Piccini, Stéphanie, Murès, Montauban.

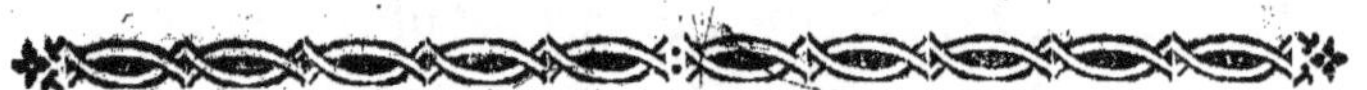

ACTE TROISIÈME.

SUITE D'HÉBÉ.

Mlle GUIMARD.

M[rs]. Leger, Granier, le Fevre, Abraham, Hennequin, l., Guillet, le Doux, Caſter, Hennequin, c., Doſſion, le Roi, Simonet.

Mlles la Fond, des Forges, le Clerc, de l'Orme, Thevenet, d'Auvilliers, Lallin, le Bel, Gertrude, Adrienne, Henriette, Dumont.

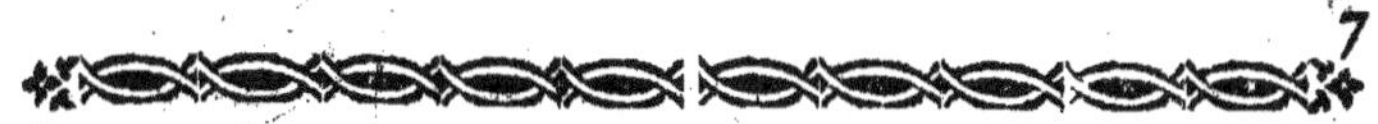

ACTE QUATRIÈME.

Premier divertissement.

DÉMONS.

Mrs D'AUBERVAL, ROGIER, ASSELIN.

Mrs. James, Henri, Duchaisne, Rivet, du Mont, Huart, la Rue, Simonet.

FURIES.

Mlles ALLARD, ASSELIN, MALTER.

Second divertissement.

OMBRES HEUREUSES.

M. VESTRIS, Mlle GUIMARD.

M. SIMONIN, Mlle. D'ERVIEUX.

Mrs Beaulieu, Gallet, Dubois, Caster, Hennequin, c., Leger, Granier, le Fevre, Abraham, Hennequin, l., Guillet, Giguet.

Mlles Gaudot, Grandi, Blondeval, d'Elfevre, David, de Miré, la Fond, Desforges, le Clerc, Thevenet, de l'Orme, d'Auvilliers.

Mrs Nivelon, Henri, Goyon, Montgaultier, Clergé, Debret, Monq, Petit.

Mlles Joli, d'Orival, Bouscarel, Adelaide, Perole, Sophie, Coulon, Duparc.

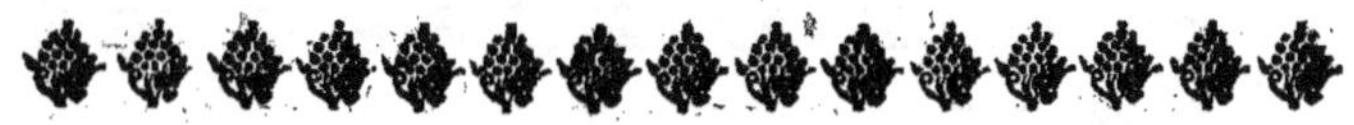

ACTE CINQUIÈME.

GÉNIES qui président aux Constellations.

M. VESTRIS.

Mlle ASSELIN.

Mrs DESPREAUX, ROGIER, LEGER.

Mlles PITROT, COMPAIN, HIDOU.

LES HEURES.

Mlles Gaudot, Grandi, Blondeval, Delfevre, David, Martin, Rozé, Jonveau, Lehou, de Miré, l'Efcaut, Mercier,

CONSTELLATIONS.

Mrs Beaulieu, Guillet, Doffion, du Bois, Hennequin, c., Cafter, Leger, Granier, Giguet, Lieffe, Hennequin, l., Martinet.

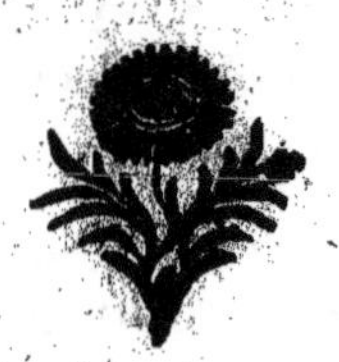

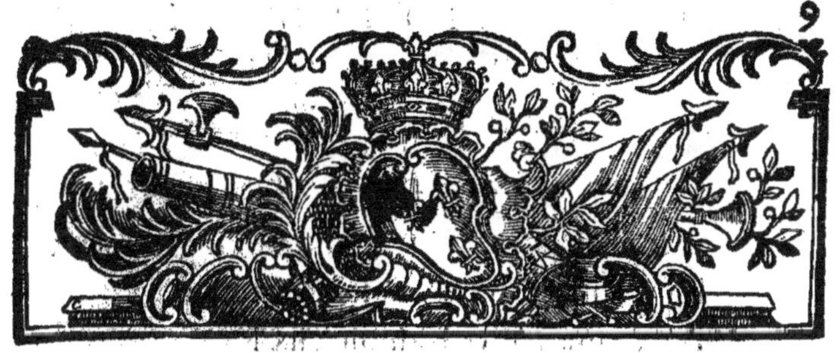

CASTOR ET POLLUX, TRAGEDIE.

ACTE PREMIER.

Le théâtre représente une partie intérieure du Palais des Rois de Sparte.

SCÈNE PREMIERE.

PHEBÉ, CLÉONE.

CLÉONE.

L'HIMEN couronne votre sœur,
Pollux épouse Télaïre ;

Ce pompeux apareil annonce son bonheur ;
Mais j'entends Phebé qui soûpire.

PHEBÉ.

Mon cœur n'est point jaloux d'un sort si gloríeux;
Une autre voix s'y fait entendre :
Ah, que n'est-il ambitieux !
Peut-être seroit-il moins tendre.

Filles du dieu du Jour, par quels présents divers
Le ciel marqua notre partage !
Je reçus le pouvoir d'évoquer les enfers ;
Que Télaïre obtint un plus doux avantage !
Elle commande aux cœurs, où mon art ne peut rien ;
Un coup d'œil lui rend tout possible ;
Je ne fais qu'étonner ce qu'elle rend sensible :
Que son pouvoir est au-dessus du mien !

Que l'univers la trouve belle,
Je le pardonne à ses appas ;
Mais que l'ingrat Castor m'abandonne pour elle,
Voilà ce que mon cœur ne lui pardonne pas.

CLEONE.

L'himen du Roi, qui va rompre leur chaîne,
Doit vous rendre l'espoir de fixer votre amant.

PHEBÉ.

Elle aura ſes regrèts, je n'aurai que la peine
D'eſperer encor vainement....
Et ſi le Roi cedoit aux larmes de ſon frere
L'objet qui cauſe ſon tourment ?
Tu vois ce que je crains ; voici ce que j'eſpere :
Cléone, en ce moment fatal,
Pour venger ma flâme offenſée,
Je leur garde un autre rival,
Et je puis diſpôſer des fureurs de Lincée.
Son amour, qu'on outrage, eſt tout près d'éclater ;
Il veut de ce palais enlever Télaïre...
Je la vois : ſon triomphe augmente mon martire ;
Songeons à l'éviter.

(*Elle ſort.*)

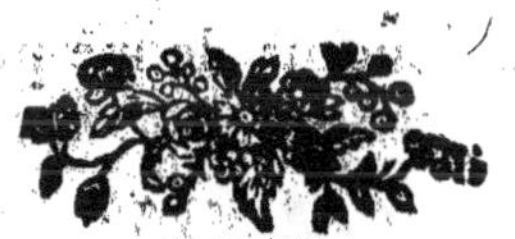

SCÈNE II.

TÉLAIRE, *seule.*

ÉClatés, mes justes regrèts ;
Dans un moment, hélas ! il faudra vous contraindre :
Le ciel m'ôtera désormais
Jusqu'à la douceur de me plaindre.

La gloire unit envain tout ce qu'elle a d'attraits
Pour un dieu, qui m'adore, & me force à le craindre ;
L'Amour a lancé d'autres traits :
Ces honneurs, que je fuis, ne font voir que l'excès
D'un feu, que je ne puis éteindre.

Éclatés, mes justes regrèts ;
Le ciel m'ôtera désormais
Jusqu'à la douceur de me plaindre.

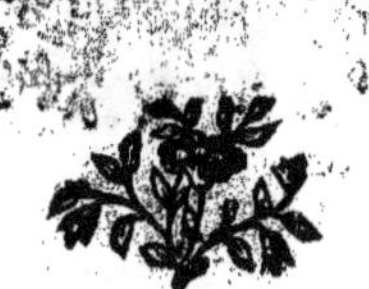

SCÊNE III.

TÉLAÏRE, CASTOR.

CASTOR.

AH! je mourrai content, je revois vos appas.

TÉLAÏRE.

Prince, ôſés-vous encor me parler de tendreſſe?

CASTOR.

On permet nos adieux.

TÉLAÏRE.

Eh! ne deviés-vous pas
Les épargner à ma foibleſſe?

CASTOR.

Quand j'ai, pour cet adieu, l'aveu de votre époux,
Quand vous m'allés être ravie;
Cruëlle! me reprochés-vous
Le dernier plaiſir de ma vie?

Mon frere a vu mes pleurs , & , loin de les cacher ,
J'ai laissé voir toute ma flâme :
La pitié lui parloit, & sembloit le toucher ;
Mais l'amour, plus puissant , l'écartoit de son âme.
Achevés son bonheur ; je quitterai ces lieux,
Sans me plaindre de vous, sans accuser mon frere :
Ai-je à me plaindre que des dieux ?

TÉLAÏRE.

Vous partés !

CASTOR.

Je m'impôse un exil nécessaire.

Dans ces yeux, maîtres de mon sort,
Si j'ai trouvé cent fois la vie ;
Quand l'esperance m'est ravie,
J'y trouverois cent fois la mort.

TÉLAÏRE.

Et le Roi permettra cette fuite inhumaine !
Non, son cœur est trop génereux.

CASTOR.

En fesant son bonheur, elle adoucit ma peine :
Vous me plaignés, il m'aime, & je pars trop heureux.

(*POLLUX, qui les observoit, paroît en ce moment.*)

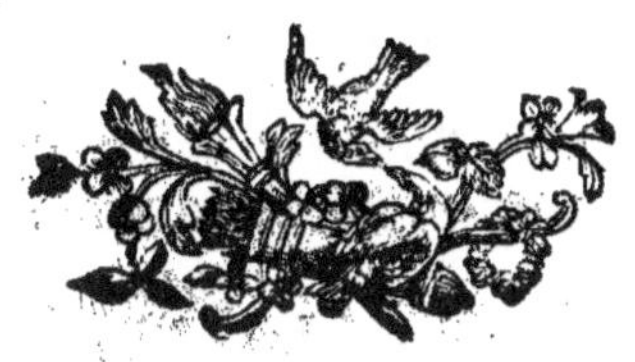

SCÈNE IV.

POLLUX, TÉLAÏRE, CASTOR.

POLLUX.

NOn, demeure Castor ; c'est moi qui te l'ordonne :
L'amour & l'amitié t'en imposent la loi.
Calme l'inquïetude où ton cœur s'abandonne :
Pour te retenir près de moi,
La main qu'on devoit à ma foi
Est la chaîne que je te donne.

(*Il prend la main de* TÉLAÏRE, *& l'unit à celle de* CASTOR.)

CASTOR.

O bonté, que j'adore !

TELAÏRE.

O grandeur, qui m'étonne !

POLLUX.

Je connois tout ce que je perds ;

Castor

Caſtor à mon amour rendra cette juſtice :
Il pourra mieux juger du prix du ſacrifice :
Par les tourments qu'il a ſoufferts.

(*La Suite du* Roi *& le peuple entrent ſur la ſcêne.*)

SCÊNE V.

POLLUX, TÉLAÏRE, CASTOR, SPARTIATES.

POLLUX, au peuple.

CES apprêts m'étoient deſtinés,
J'en feſois mon bonheur ſuprême ;
Que leurs fronts ſoient couronnés
De ces fleurs, qui devoient parer mon dïadême :
Des deux objèts que j'aime,
Je fais deux amants fortunés.

CHŒUR de SPARTIATES.

Chantons l'éclatante victoire
D'un héros, qui domte l'amour ;
Si la vertu trïomphe en ce beau jour,
L'amour ne perd rien de ſa gloire.

(*On danſe.*)

CASTOR.

Quel bonheur règne dans mon âme !
Amour, as-tu jamais
Lancé de ſi beaux traits ?
Des mains de l'amitié tu couronnes ma flâme :
Amour, as-tu jamais
Lancé de ſi beaux traits ?

(On danſe.)

(La fête eſt interrompue par un bruit tumultueux.)

SCÈNE VI.

UN SPARTIATE *&* *les* ACTEURS *de la ſcène précédente.*

UN SPARTIATE.

Quittés ces jeux, courés aux armes ;
Lincée attaque ce palais :
La jalouſe Phébé ſemble guider ſes traits.

LE CHŒUR.

Courons aux armes.

CASTOR & POLLUX, en se séparant pour aller combattre aux deux côtés du théâtre, où l'on entend le bruit des attaques.

Allons dissiper ces allarmes;
Aux armes.

TÉLAÏRE, à CASTOR.

Arrêtés, Castor, arrêtés!

Les différents CHŒURS, derrière le théâtre.

Combattons, attaquons: attaqués, combattés.

Une VOIX *seule.*

Enlevons Télaïre.

TÉLAÏRE.

Ah! quelle fureur les inspire.

CHŒUR, derrière le théâtre.

Combattons, &c.

(*Après un grand bruit de guerre,* LINCÉE *force l'entrée du palais & paroît à la tête des siens.* CASTOR, *qui étoit sorti du théâtre, rentre pour le combattre; il est repoussé & tombe, dans la coulisse, sous les coups de* LINCÉE*; pendant le combat,* TÉLAÏRE, *qui veut se jetter dans la mêlée, est retenue par ses femmes. Il se fait alors un profond silence.*)

UNE *VOIX.*

Castor, hélas! Castor est tombé sous ses coups!

CHŒUR des SPARTIATES.

O perte irréparable!
O malheur effroyable!

TÉLAÏRE, *tombant dans les mains de ses suivantes.*

Je me meurs.

LE *CHŒUR.*

Pollux, vengés-nous.

(Le bruit de guerre recommence. LINCÉE *reparoît & traverse la scène, pour enlever* TÉLAÏRE, *qu'il entraîne hors du théâtre.* POLLUX *vole à sa rencontre, dégage la princesse, & attaque son ennemi. La troupe de* CASTOR *se rallie à celle de* POLLUX, *qui combat* LINCÉE, *le poursuit & le fait tomber sous ses coups.)*

FIN DU PREMIER ACTE.

ACTE SECOND.

Le Théâtre représente le lieu de la sépulture des rois de Sparte ; au milieu duquel est élevé un tombeau militaire pour les funérailles de CASTOR : *il est éclairé de lampes sépulcrales ; le reste est une forêt sombre, plantée de palmiers & de ciprès, où se rassemble le peuple de Sparte. Le commencement de l'acte se passe dans la nuit.*

SCÈNE PREMIÈRE.

CHŒUR *des* SPARTIATES *qui arrivent au tombeau avec toutes les marques d'un grand deuil, les armes renversées & garnies de crêpes.*

QUE tout gémisse,
Que tout s'unisse :

Préparons, élevons d'éternels monuments
Au plus mallheureux des amants :
Que jamais notre amour, ni son nom ne périsse.
Que tout gémisse.

SCENE II.

TÉLAÏRE, *dans le plus grand deuil, vient se jetter au pié du mausolée.*

TRistes apprêts, pâles flambeaux,
Jour, plus affreux que les ténebres,
Astres lugubres des tombeaux,
Non, je ne verrai plus que vos clartés funebres.

Toi, qui vois mon cœur éperdu,
Pere du jour, ô Soleil! ô mon pere!
Je ne veux plus d'un bien, que Castor a perdu,
Et je renonce à ta lumière.

Tristes apprêts, pâles flambeaux,
Jour, plus affreux que les ténebres,
Astres lugubres des tombeaux,
Non, je ne verrai plus que vos clartés funebres.

(PHEBÉ *paroît.*)

SCÈNE III.

PHEBÉ, TÉLAÏRE.

TÉLAÏRE.

CRuëlle, en quels lieux venés-vous ?
Osés-vous insulter encore
Aux mânes d'un héros qui périt par vos coups ?

PHEBÉ.

Laisse à l'amour, qui me dévore,
Le soin de me punir d'un crime, que j'abhorre :
Il m'en dit plus que ton couroux.

Tu pleures l'amant le plus tendre ;
Mais de nous deux encor son destin peut dépendre ;
D'un mot tu peux le rendre au jour.

TÉLAÏRE.

Ordonnés : que faut-il ?

PHEBÉ.

Immoler ton amour,
Et mon art forcera l'enfer à nous le rendre.

TÉLAÏRE.

Oui, je m'en impôse la loi,
Qu'il vive, que pour lui votre ardeur se signale.

PHEBÉ.

Tu le veux.

TÉLAÏRE.

Hâtés-vous; je cede à ma rivale
L'amour dont il brûla pour moi.

(On entend une simphonie guerrière & des chants de victoire.)

LE CHŒUR, *derrière le théâtre.*

Trïomphe, vengeance.

TÉLAÏRE.

C'est le Roi vainqueur qui s'avance.

PHEBÉ.

Il a vengé nos maux, il faut les réparer.

(Elle sort.)

(Le jour commence à paroître, & découvre les différents monuments qui sont sur la scêne.)

SCÊNE

SCÊNE IV.

POLLUX, TÉLAÏRE, *Troupe de* SPARTIATES, *d'*ATHLETES *& de* COMBATTANTS, *portant des trophées & les dépouilles des ennemis.*

POLLUX, aux Peuples.

Peuples, cessés de soûpirer.
Non, ce n'est plus des pleurs que ces mânes demandent ;
C'est du sang qu'ils attendent,
Et ce sang fatal a coulé :
Lincée est immolé.

TOUS LES CHŒURS.

Que l'enfer applaudisse
A de nouveaux concerts :
Qu'une ombre plaintive en jouïsse.
Le cri de la vengeance est le chant des enfers.

POLLUX, à TÉLAÏRE.

Princesse, une telle victoire
Doit adoucir pour vous l'horreur de ce séjour.

TÉLAÏRE.

La vengeance flatte la gloire ;
Mais ne console pas l'amour.

Prince, un rayon d'espoir à mes yeux se présente :
Le pouvoir de Phebé peut remplir notre attente
Et ravir Castor aux enfers.

POLLUX.

Non, c'est en vain qu'elle le tente,
Et c'est encore à moi de réunir vos fers.

Aux piés de Jupiter j'irai me faire entendre :
Le dieu qui me donna le jour,
A mon frere peut le rendre.
Aux larmes de son fils quelle marque plus tendre
Peut-il donner de son amour ?

TÉLAÏRE.

Ah, prince ! ôsés tout entreprendre ;
Montrés qu'aux Immortels votre sort est lié :
Jupiter, dans les cieux, est le dieu du tonnerre,
Et Pollux sur la terre,
Sera le dieu de l'amitié.

D'un frere infortuné ressusciter la cendre,
L'arracher au tombeau, m'empêcher d'y descendre,
Trïompher de vos feux, des siens être l'appui,
Le rendre au jour, à ce qu'il aime,
C'est montrer à Jupiter-même
Que vous êtes digne de lui.

POLLUX, aux Peuples.

Reprenés vos chants de victoire,
Que mon trïomphe embellisse ces lieux :
Occupés Télaïre & charmés ses beaux yeux
Par le spectacle de ma gloire.

(*Il sort.*)

(*La scène devient plus éclairée, les tombeaux sont couverts de trophées & des dépouilles des ennemis. Marche des combattans. Entrée & combats figurés d'*ATHLETES *& de* GLADIATEURS.)

Un ATHLETE.

Éclatés, fières trompettes ;
Faites briller dans ces retraites
La gloire de nos héros.

Par des chants de victoire,
Troublons le repos

Des échos.

Qu'ils ne chantent plus que la gloire.

(*Des femmes* SPARTIATES *se mêlent à la fête des guerriers, couronnent les vainqueurs & forment un divertissement de réjouissance pour célébrer la victoire de* POLLUX.)

FIN DU SECOND ACTE.

ACTE TROISIEME,

Le théâtre représente le vestibule du Temple de JUPITER, où POLLUX doit faire un sacrifice.

SCÈNE PREMIÈRE.

POLLUX, seul.

PRÉSENT des dieux, doux charme des humains,
O divine amitié! viens pénétrer nos âmes :
Les cœurs, éclairés de tes flâmes,
Avec des plaisirs purs, n'ont que des jours sereins.

C'est dans tes nœuds charmants que tout est jouïssance;
Le tems ajoûte encore un lustre à ta beauté :
L'amour te laisse la constance;
Et tu serois la volupté,
Si l'homme avoit son innocence.

Présent des dieux, doux charme des humains,
O divine amitié! viens pénétrer nos âmes:
Les cœurs, éclairés de tes flâmes,
Avec des plaisirs purs, n'ont que des jours sereins.

(*Le temple s'ouvre, & les* PRÊTRES *en sortent.*)

Mais le temple est ouvert, le Grand-Prêtre s'avance.

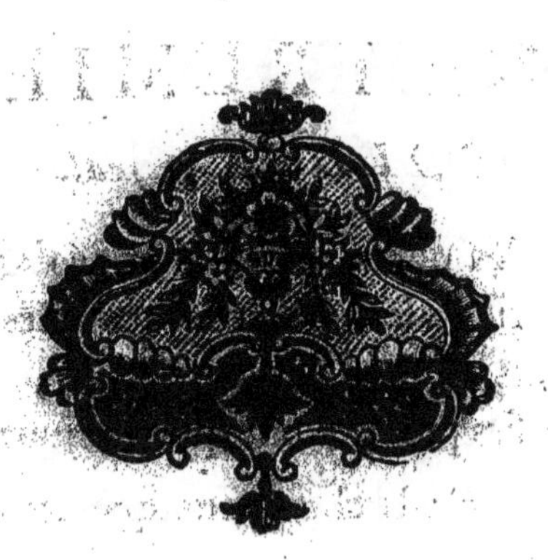

SCÈNE II.

POLLUX, LE GRAND-PRÊTRE de JUPITER, PEUPLES & *Suite* du GRAND-PRÊTRE.

LE GRAND-PRÊTRE.

LE ſouverain des dieux
Va paroître en ces lieux,
Dans tout l'éclat de ſa puiſſance :
Tremblés, redoutés ſa préſence !
Fuyés, mortels curieux.

Ce n'eſt que par les feux & la voix du tonnerre
Qu'il s'annonce à la terre:
Et l'aſpect redouté de ſon front glorïeux,
N'eſt vu que par les dieux.

Qu'au ſeul nom de ce dieu ſuprême
De reſpect & d'effroi tous les cœurs ſoient glacés ;
Fuyés & frémiſſés :
Fuyons & frémiſſons nous-même.

CHŒUR DE PRÊTRES.

Fuyons & frémiſſons nous-même.

(*Le théâtre change :* JUPITER *paroît dans ſon palais, aſſis ſur un trône & environné de toute ſa gloire.*)

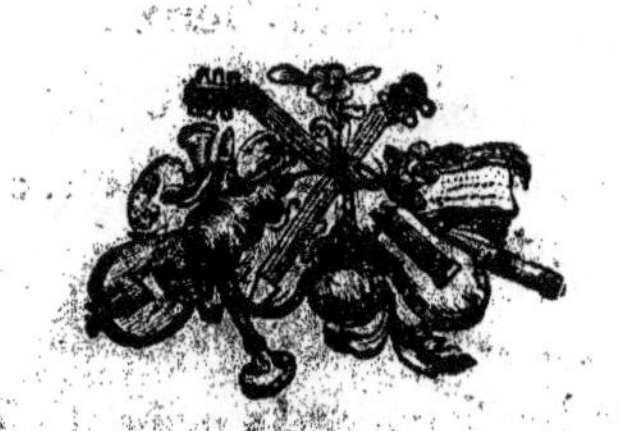

SCÈNE

SCÈNE III.

JUPITER, POLLUX.

POLLUX aux piés de JUPITER.

MA voix, puiſſant maître du monde,
S'éleve en tremblant juſqu'à toi :
D'un ſeul de tes regards diſſipe mon effroi,
Et calme ma douleur profonde.

O mon pere, écoute mes vœux.

L'immortalité, qui m'enchaîne,
Pour ton fils déſormais n'eſt qu'un ſuplice affreux.
Caſtor n'eſt plus, & ma vengeance eſt vaine,
Si ta voix ſouveraine
Ne lui rend des jours plus heureux.

O mon pere, écoute mes vœux.

JUPITER.

Que ſon retour, mon fils, auroit pour moi de charmes !
Qu'il me ſeroit doux d'y penſer !

E

Mais l'enfer a des loix que je ne puis forcer;
Et le ſort me deffend de répondre à tes larmes.

POLLUX.

Ah! laiſſe-moi percer juſques aux ſombres bords.
J'ouvrirai ſous mes pas les antres de la terre:
J'irai braver Pluton, j'irai chercher les morts
A la lueur de ton tonnerre;
J'enchaînerai Cerbere; &, plus digne des cieux,
Je reverrai Caſtor & mon pere & les dieux.

JUPITER.

J'ai voulu te cacher le ſort qui te menace.
D'un frere infortuné tu peux briſer les fers,
Si tu deſcends dans les enfers;
Mais il eſt ordonné, pour prix de ton audace,
Que tu prennes ſa place.

Tes jours éternels, tes beaux jours
Sont trop dignes d'envie.

POLLUX.

Non, je ne puis ſouffrir la vie,
Si Caſtor avec moi n'en partage le cours.
Je reverrai mon frere, il verra Télaïre:
Il eſt aimé, c'eſt à lui d'être heureux.

Chaque instant, qu'ici je respire,
Est un bien, que j'enleve à son cœur amoureux.

JUPITER.

Avant que de céder au zele qui t'inspire,
Vois ce que tu perds dans les cieux.

Enfants du ciel, charmes de mon empire,
Plaisirs, vous qui faites les dieux,
Triomphés d'un dieu qui soûpire.

(*Les* PLAISIRS CÉLESTES, *conduits par* HÉBÉ, *entrent en dansant; ils entourent* POLLUX; JUPITER *se retire.*)

SCÈNE IV.

POLLUX, HÉBÉ, *les* PLAISIRS CÉLESTES, *qui tiennent des guirlandes de fleurs, dont ils veulent enchaîner* POLLUX.

(*Entrée d'*HÉBÉ *& de sa suite, formée par les* PLAISIRS CÉLESTES.)

POLLUX.

TOut l'éclat de l'Olimpe est en vain ranimé:
Le ciel & le bonheur suprême

Sont aux lieux où l'on aime,
Sont aux lieux où l'on est aimé.

LE CHŒUR.

Qu'Hébé, de fleurs toujours nouvelles,
Forme vos chaînes éternelles.

(HÉBÉ *danse & ne cesse d'attaquer* POLLUX, *qu'elle veut enchanter.*)

UNE SUIVANTE D'HÉBÉ.

Voici des dieux
L'asile aimable:
Goûtés des cieux
La paix durable.

Plus de plaisirs
Que de desirs;
Des chaînes,
Sans peines;
Et de beaux jours
Comptés toûjours
Par les Amours.

Si l'on soupire,
C'est sans martire:

Eſt-on charmé ?
L'on plaît de même :
On dit qu'on aime ;
On eſt aimé.

POLLUX.

Ah! ſans le trouble où je me voi,
Charmants Plaiſirs, je vous ſerois fidele;
Mais, dans l'excès de ma douleur mortelle,
Plaiſirs, que voulés-vous de moi ?

(*Nouvelle attaque d'*HÉBÉ.)

UNE SUIVANTE D'HÉBÉ.

Que nos jeux
Comblent vos vœux :
Suivés Hébé ; que votre jeuneſſe ;
Sans-ceſſe,
Renaîſſe,
Pour être à jamais heureux.

La grandeur la plus brillante
N'eſt point l'attrait qui nous tente :
Venés, voyés, goûtés
Les céleſtes voluptés.

Nous aimons, Jupiter-même
N'eſt heureux que quand il aime.
Aimés, cédés, ſuivés
Les biens qui vous ſont réſervés.

(*La danſe recommence ; les* PLAISIRS CÉLESTES *font de nouveaux efforts pour arrêter* POLLUX.)

Si je roms vos aimables chaînes,
J'épargne aux dieux ma honte & mes ſoupirs.
Je deſcends aux enfers, pour oublier mes peines ;
Et Caſtor renaîtra, pour goûter vos plaiſirs.

(POLLUX *romt les guirlandes de fleurs dont il eſt enchaîné, & ſe dérobe aux* PLAISIRS *qui le ſuivent.*)

FIN DU TROISIÈME ACTE.

ACTE QUATRIÈME.

Le théatre représente l'entrée des enfers, où l'on descend par des rochers escarpés. Dans le fond est une caverne, qui vomit des flâmes, & dont le pâssage est deffendu par des monstres, des spectres & des démons.

SCÈNE PREMIÈRE.

PHEBÉ, *seule.*

ESPRITS, soutiens de mon pouvoir,
Venés, volés, remplissés mon espoir.
Descendés au rivage sombre;
Il faut lui ravir une ombre.

(*Les Esprits & Puissances magiques descendent des rochers à la voix de* PHÉBÉ, *qui forme ses enchantements.*)

SCÈNE II.

PHEBÉ, ESPRITS MAGIQUES.

PHEBÉ.

RAssemblés-vous, secondés mon ardeur :
Des monstres des enfers combattés la fureur.

LE CHŒUR.

Des monstres des enfers combattons la fureur.

PHEBÉ.

Redoublés vos charmes ;
Pénétrés ce séjour,
Impénetrable au jour :
Redoublés vos charmes ;
Empruntés les traits de l'Amour
Pour avoir de plus fortes armes.

LE CHŒUR.

Des monstres des enfers, &c.

PHEBÉ.

Mais, que vois-je ?

(*Elle apperçoit* MERCURE, *qui descend :* POLLUX *paroît en même-tems.*)

SCÊNE

SCÈNE III.

MERCURE, PHEBÉ, POLLUX,
ESPRITS MAGIQUES.

MERCURE.

PHebé, tu fais de vains efforts;
De tes enchantements vois l'inutile usage:
Le fils de Jupiter aura seul l'avantage
De pénétrer aux sombres bords.

PHEBÉ.

Ah! prince, où courés-vous?

POLLUX.

Je vole à la victoire
Qui doit couronner mes travaux.
Le chemin des enfers, sous les pas d'un héros,
Devient le chemin de la gloire.

PHEBÉ.

Laissés-moi devancer vos pas;
Laissés-moi braver tout obstacle.
A l'Amour est dû le miracle
De triompher du trépas.

POLLUX.

Allons, Mercure, où tu me guides.
L'ardeur que j'éprouve en ce jour
Prête à mon amitié des ailes, plus rapides
Que ne sont celles de l'Amour.

(Il veut entrer dans la caverne ; les monstres & les démons sortent des enfers, pour deffendre le passage.)

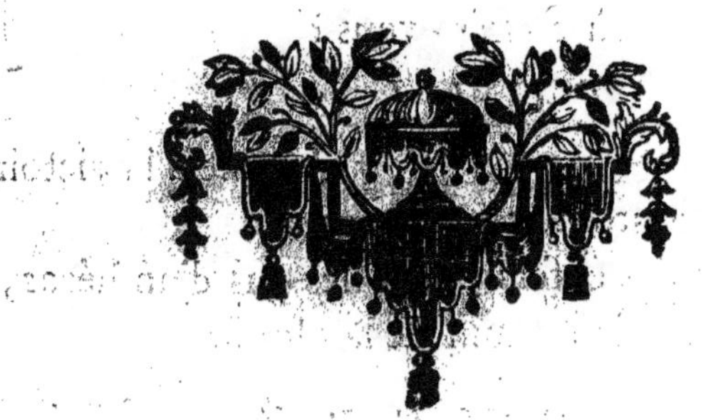

SCÈNE IV.

Les ACTEURS *de la ſcène précédente*, DÉMONS *MERCURE, POLLUX & PHÉBÉ.*

TOmbés, rentrés dans l'eſclavage :
Arrêtés, Démons furïeux.

POLLUX.	Livrés-moi	cet affreux pâſſage ;
PHÉBÉ. MERCURE.	Livrés-lui	
POLLUX.	Et redoutés	le fils du plus puiſſant des dieux.
PHÉBÉ. MERCURE.	Et reſpectés	

CHŒUR des DÉMONS.

Sortons d'eſclavage;
Fermons-lui cet affreux pâſſage.

(*Danſe des démons, qui veulent effrayer* POLLUX.)

CHŒUR des DÉMONS.

Brîſons tous nos fers :
Ébranlons la terre,

Embrâsons les airs ;
Qu'au feu du tonnerre
Le feu des enfers
Déclare la guerre :
Brîsons tous nos fers.

Jupiter, lui-même,
Doit être soumis
Au pouvoir suprême
Des enfers unis.
Ce dieu téméraire
Veut-il, pour son fils,
Détrôner son frere ?

Brîsons tous nos fers, &c.

(*Les démons continuent leur danse, & redoublent leurs efforts pour écarter* POLLUX. *Les Furies sortent des enfers, armées de flambeaux & de serpents. Cette action est suivie d'une reprise du chœur précédent, pendant laquelle* POLLUX *combat les démons :* MERCURE *les frappe de son caducée, & passe, avec* POLLUX, *dans la caverne.* PHÉBÉ, *qui ne peut les suivre, se livre au désespoir, se donne un coup de poignard & se précipite dans l'abîme.*)

SCÈNE V.

Le théâtre change & repréſente les Champs Éliſées: On voit le fleuve Léthé, qui ſerpente dans ce ſéjour délicieux. Des OMBRES *heureuſes paroîſſent errer dans l'éloignement, & viennent à la rencontre de* CASTOR.

CASTOR, OMBRES HEUREUSES.

CASTOR.

SÉjour de l'eternelle paix.
Ne calmerés-vous point mon âme impatïente ?
L'Amour jusqu'en ces lieux, me pourſuit de ſes traits :
Caſtor n'y voit que ſon amante,
Et vous perdés tous vos attraits.

Séjour de l'eternelle paix,
Ne calmerés-vous point mon âme impatïente ?

Que ce murmure eſt doux ! que cet ombrage eſt frais !
De ces accords touchants la volupté m'enchante :

Tout rit, tout prévient mon attente,
Et je forme encor des regrèts.

Séjour de l'eternelle paix,
Ne calmerés-vous point mon âme impatïente?

(*Les* OMBRES HEUREUSES *danſent.*)

CHŒUR des OMBRES HEUREUSES.

Qu'il ſoit heureux, comme nous.
Des biens que nous goûtons ſur cet heureux rivage
Nos cœurs ne ſont point jaloux:
Il les voit, qu'il les partage.
Qu'il ſoit heureux, comme nous.

(*Diffreents quadrilles d'*OMBRES HEUREUSES *s'approchent de* CASTOR.)

UNE OMBRE.

Pour toûjours
Ce rivage
Eſt ſans nuit & ſans orage:
Pour toûjours
Cette aurore
Fait éclore
Nos beaux jours.

C'eſt le port
De la vie;

C'eſt le ſort
Qu'on envie.
Le monde & ſes faux attraits.
Sont-ils faits
Pour nos regrèts ?
Non, jamais,
Lieux propices,
Vous n'offrés que des délices :
Non, jamais
Cet empire
Ne reſpire
Que la paix.

(*Des danſes légeres expriment, par des jeux differents, le caractere des* OMBRES.)

UNE OMBRE.

Sur les ombres fugitives
L'Amour lance encor des feux ;
Mais il ne fait ſur ces rives
Qu'un peuple d'amants heureux.

(*On danſe, & les* OMBRES *ſuivent toûjours* CASTOR.)

UNE OMBRE, alternativement avec le CHŒUR.

Dans ces doux asiles
Vos vœux seront couronnés ,
Venés :
Aux plaisirs tranquilles
Ces lieux charmants sont destinés.

Ce fleuve enchanté ,
L'heureux Léthé ,
Coûle ici parmi les fleurs :
On n'y voit ni douleurs ,
Ni soucis , ni langueurs ,
Ni pleurs :
L'oubli n'emporte avec lui
Que les soins & l'ennui :
Ce dieu nous laîsse
Sans - cèsse
Le soûvenir
Du plaisir.

(*Les OMBRES reprennent leurs danses , qui sont , tout - à - coup , interrompues.*)

CHŒUR

CHŒUR, derrière le théâtre.

Fuyés, fuyés, ombres légeres !
Nos jeux ſont prophanés par des yeux téméraires.

(*POLLUX paroît, & les OMBRES étonnées fuient devant lui.*)

SCÈNE VI.

POLLUX, CASTOR, LES OMBRES, MERCURE, *dans l'éloignement.*

POLLUX.

RAſſûrés-vous, habitants fortunés.
Loin de troubler ce favorable aſile,
J'y viens goûter la paix que vous donnés.

C'eſt ici des héros la demeure tranquille.
Chere ombre, paroiſſés !..

CASTOR, appercevant POLLUX.

O mon frere! eſt-ce vous ?
O moments de tendreſſe !

ENSEMBLE.

O moments les plus doux !
O mon frere ! eſt-ce vous ?

POLLUX.

C'eſt moi qui viens brîſer la chaîne qui te lie :
C'eſt moi qui t'ai vengé d'un rival odïeux.

CASTOR.

Je verrois la clarté des cieux ?

POLLUX.

C'eſt peu de te rendre à la vie,
Le ſort t'éleve au rang des dieux.

CASTOR.

Qu'entends-je ! quel bonheur ! je quitterois ces lieux ?
Et le ciel près de toi me permettroit de vivre ?

POLLUX.

Non, tu jouïras ſeul d'un partage ſi doux ;
Et le deſtin jaloux
Va m'impôſer les fers, dont ma main te délivre.

CASTOR.

Par ton ſuplice, o ciel ! j'acheterois le jour ?

POLLUX.

Tout l'univers demande ton retour :
Règne ſur un peuple fidele.

CASTOR.

Le fils de Jupiter doit lui donner la loi.

POLLUX.

Vois dans les cieux la gloire qui t'appelle.

CASTOR.

J'immole au ſeul plaiſir qui m'approche de toi
Toute la grandeur immortelle.

POLLUX.

Télaïre t'attend.

CASTOR.

Cruël, épargne-moi :
Elle-même, à ce prix, verroit avec effroi
Renouër de mes jours la trame criminelle.

POLLUX.

Caſtor, nous la perdrons tous deux.
Si tu tardes encor, tu lui coûtes la vie ;
Hâte-toi, va ; le ciel t'ordonne d'être heureux,
Et c'eſt ton rival qui t'en prie.

(*Il embraſſe ſon frere.*)

CASTOR.

Oui, je cede enfin à tes vœux :

J'irai ſauver les jours d'une amante fidele,
Je renaîtrai pour elle.

Mais, puiſqu'enfin je touche au rang des immortels,
Je jure, par le Stix, qu'une ſeconde aurore
Ne me trouvera pas au ſéjour des mortels.
Je ne veux que la voir & l'adorer encore,
Et je te rends le jour, ton trône & tes autels.

POLLUX, à MERCURE.

Ses jours ſont commencés ;
Volés, Mercure, obéiſſés.
Rendés un immortel au ſéjour du tonnerre,
Un héros à la terre :
Volés, Mercure, obéiſſés.

CHŒUR DES OMBRES.

Revenés, revenés ſur les rivages ſombres :
Habités tous deux parmi nous,
Et nous rendrons les dieux jaloux
De la félicité des ombres.

(*MERCURE enleve CASTOR dans un nuage : POLLUX lui tend les bras, & ſe retire avec les OMBRES fortunées.*)

FIN DU QUATRIEME ACTE.

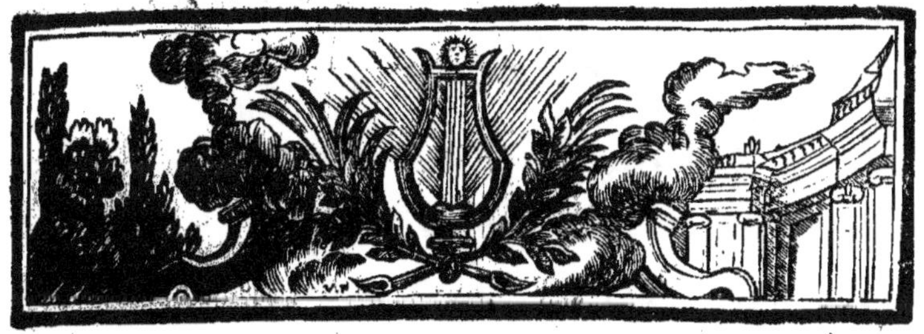

ACTE CINQUIÈME.

Le théâtre représente une vue agréable des environs de la ville de Sparte, précédée d'un arc de triomphe, orné de festons & de guirlandes pour le retour de CASTOR.

SCÈNE PREMIÈRE.

CASTOR, TÉLAIRE.

TÉLAÏRE.

LE ciel est donc touché des plus tendres amours?
Au jour, que je quittois, votre voix me rappele:
Vous vivrés, pour m'être fidele,
Et vous vivrés toûjours.

CASTOR.

Hélas !

TÉLAÏRE.

Mais pourquoi ces allarmes ?
Vous m'aimés, je vous vois...

CASTOR.

Télaïre, vivés.

TÉLAÏRE.

Qu'entends-je ! quels difcours ?

CASTOR.

Télaïre...

TÉLAÏRE.

Achevés.
Le plus beau de nos jours eft-il fait pour des larmes ?

CASTOR.

A d'eternels adieux il faut nous préparer ?

TÉLAÏRE.

Que dites-vous ? o ciel !

CASTOR.

Il faut nous féparer :
Je retourne aux rivages fombres.

TÉLAÏRE.

Caftor ! & vous m'abandonnés ?

CASTOR.

Mon frere & mes ferments m'attendent chés les ombres.

TÉLAÏRE.

A vous pleurer encor mes yeux font condamnés !
A peine je vous vois ! à peine je refpire,
Caftor ! & vous m'abandonnés ?

CASTOR.

L'inftant fatal approche, il me prèffe, il expire...
Que cet inftant a d'horreurs & d'appas !

TÉLAÏRE.

Hélas ! te puis-je croire,
Quand, parjure à l'amour, ingrat, tu ne fais gloire
Que d'être fidele au trépas ?

(*On entend des chants de réjouiffance.*)

Mais j'entends des cris d'allegreffe.

SCÈNE II.

CASTOR, TÉLAÏRE, *troupe de* SPARTIATES, *qui viennent au-devant de* CASTOR.

CHŒUR.

VIVÉS, heureux époux.

TÉLAÏRE.

Au-devant de tes pas tout ce peuple s'empresse :
Veux-tu troubler ses jeux ? ils étoient faits pour nous.

CASTOR, au peuple.

Hélas ! vous ignorés que votre attente est vaine.

TÉLAÏRE & le CHŒUR.

Pourquoi vous dérober à des transports si doux ?

CASTOR.

Peuples, éloignés-vous.
Vos desirs augmentent ma peine.
(*Le Peuple sort.*)

SCÈNE

SCÈNE III.

CASTOR, TÉLAIRE.

TÉLAIRE.

EH quoi ! tous ces objèts ne peuvent t'attendrir ?

CASTOR.

Voulés-vous qu'aux enfers j'abandonne mon frere ?

TÉLAÏRE.

Les dieux nous le rendront : Jupiter eſt ſon pere.

CASTOR.

Vivés, & laiſſés-moi mourir.

TÉLAÏRE.

Tu meurs !.. pour qui veux-tu que je reſpire encore ?

CASTOR.

Regnés ; mon frere eſt immortel,
Mon frere vous adore.

TÉLAÏRE.

Non, je n'attendrai pas un deſtin ſi cruël :

J'en attefte les dieux & la mort, que j'implore.

CASTOR.

Arrêtés, redoutés le charme de vos pleurs.
Si j'ôfois balancer, il eft des dieux vengeurs:
Sur moi, fur vous, peut-être, ils puniroient ma flâme.

TÉLAÏRE.

De quelle horreur encor viens-tu frapper mon âme?

CASTOR.

J'armerois Jupiter; fon fils a mes ferments.

TÉLAÏRE.

Ils ont aimé, ces dieux; ils plaindront des amants.

(*On entend plufieurs coups de tonnerre.*)

Qu'ai-je entendu! quel bruit! quels éclats de tonnerre!
Hélas! c'eft moi qui t'ai perdu.

CASTOR.

J'entends frémir les airs! je fens trembler la terre!
C'en eft fait! j'ai trop attendu.

ENSEMBLE.

Arrête, dieu vengeur, arrête!

(Le bruit redouble.)

CASTOR.

L'enfer eſt ouvert ſous mes pas !
La foudre gronde ſur ma tête !

(TÉLAÏRE tombe évanouïe de frayeur.)

Ciel ! ô ciel ! Télaïre expire dans mes bras !
Arrête, dieu vengeur, arrête !

(Une ſimphonie mélodieuſe ſuccede au bruit du tonnerre.)

Mais le bruit ceſſe... Ouvrés les yeux :
A nos tourmens la nature eſt ſenſible,
Et ces concerts harmonïeux
Annoncent un dieu plus paiſible.

(JUPITER deſcend du ciel ſur ſon aigle.)

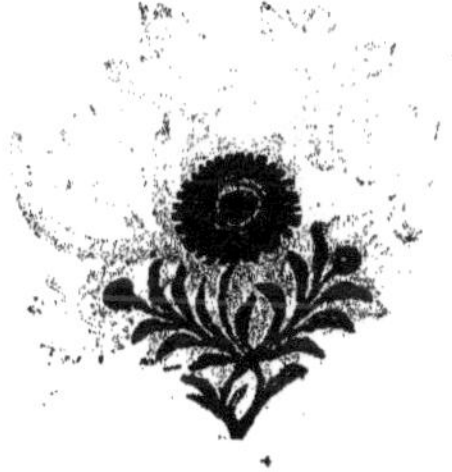

SCÈNE IV.

JUPITER, CASTOR, TÉLAIRE.

JUPITER.

LEs Destins sont contents : ton sort est arrêté ;
Je te rends à jamais le serment qui t'engage :
Tu ne verras plus le rivage
Que ton frere a déjà quitté.
Il vit, & Jupiter vous permet le partage
De l'immortalité.

(*Pollux paroît.*)

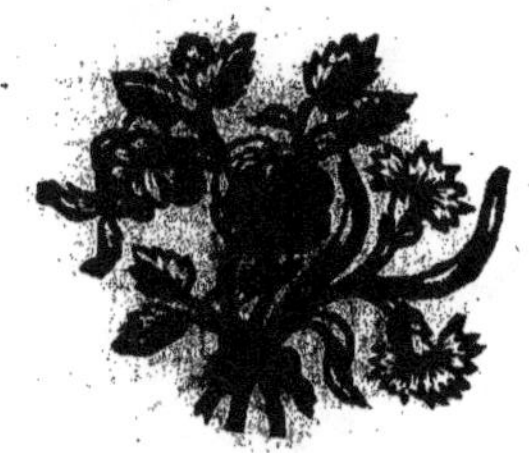

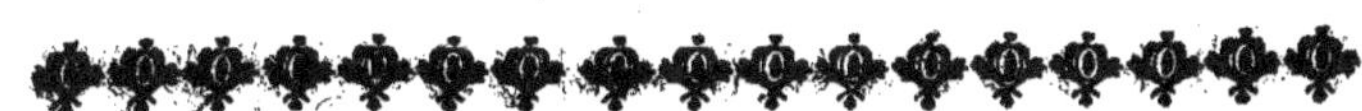

SCÈNE V.

JUPITER, TÉLAÏRE, CASTOR, POLLUX

CASTOR.

MON frere! o ciel!

POLLUX.

Dieux! je retrouve ensemble
Tous les objèts de mon amour!

CASTOR.

J'allois te délivrer du ténebreux séjour,
Quand le ciel enfin nous rassemble.

CASTOR & TÉLAÏRE.

Dieux, qui formés pour nous un sort si plein d'appas.
O dieux! ne nous séparés pas.

JUPITER.

Séjour de ma grandeur, où je dicte mes loix,
Vaste empire des cieux, ouvrés-vous à ma voix.

SCÊNE DERNIÈRE.

(*Les cieux s'ouvrent & font voir, au milieu des airs, le palais de Jupiter, d'une architecture éclatante & légere, porté sur des nuages. Il communique des deux côtés, par des colonnades, aux pavillons des priucipales divinités célestes, désignés par leurs divers attributs. Dans le lointain paroît une partie du Zodiaque, où se voit la place destinée à la constellation des Jumeaux. Le globe du Soleil est au milieu, parcourant sa carriere. Toutes les divinités du ciel se rassemblent, ainsi que les génies qui président aux planettes & aux constellations.*)

JUPITER, POLLUX, CASTOR, TÉLAÏRE, *les* GÉNIES *célestes*, *les* HEURES, *&c.*

JUPITER, à CASTOR *&* POLLUX.

TAnt de vertus doivent prétendre
Au partage de nos autels.
Offrons à l'univers des signes immortels
D'une amitié si pure & d'un amour si tendre.

Venés, jeune Immortelle, embellissés les cieux;
Le Sort accomplit ses promesses.
C'est la valeur qui fait les dieux,
Et la beauté fait les déesses.

TOUS LES CHŒURS.

Que les cieux, que la terre & l'onde
Brillent de mille feux divers;
C'est l'ordre du maître du monde,
C'est la fête de l'univers.

(*Ballet figuré des* HEURES *& des* PLANETTES.)

CASTOR.

Qu'il est doux de porter tes chaînes,
Tendre Amour! tes plaisirs font oublier tes peines.
J'ai fait briller tes feux dans cent climats divers,
Pour montrer à tout l'univers
Qu'il est doux de porter tes chaînes.

Tout m'a dit dans les enfers
Qu'il est doux de porter tes chaînes:
Et, quand les cieux me sont ouverts,
J'entends retentir dans les airs
Qu'il est doux de porter tes chaînes.

(Les Chœurs se mêlent à la voix de CASTOR, *& répetent ce dernier vers; la fête continue.)*

LE CHŒUR.

Que les cieux, que la terre & l'onde
Brillent de mille feux divers;
C'est l'ordre du maître du monde,
C'est la fête de l'univers.

(Un divertissement général termine l'opera.)

FIN.

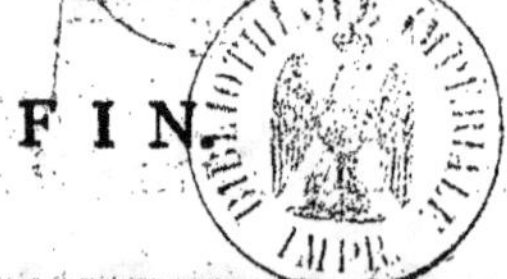

APPROBATION.

J'AI lu, par ordre de Monseigneur le Chancelier, l'Opera de *CASTOR & POLLUX*, dont on peut permettre l'impression. A Paris le 14 Janvier 1772.

DUCLOS.

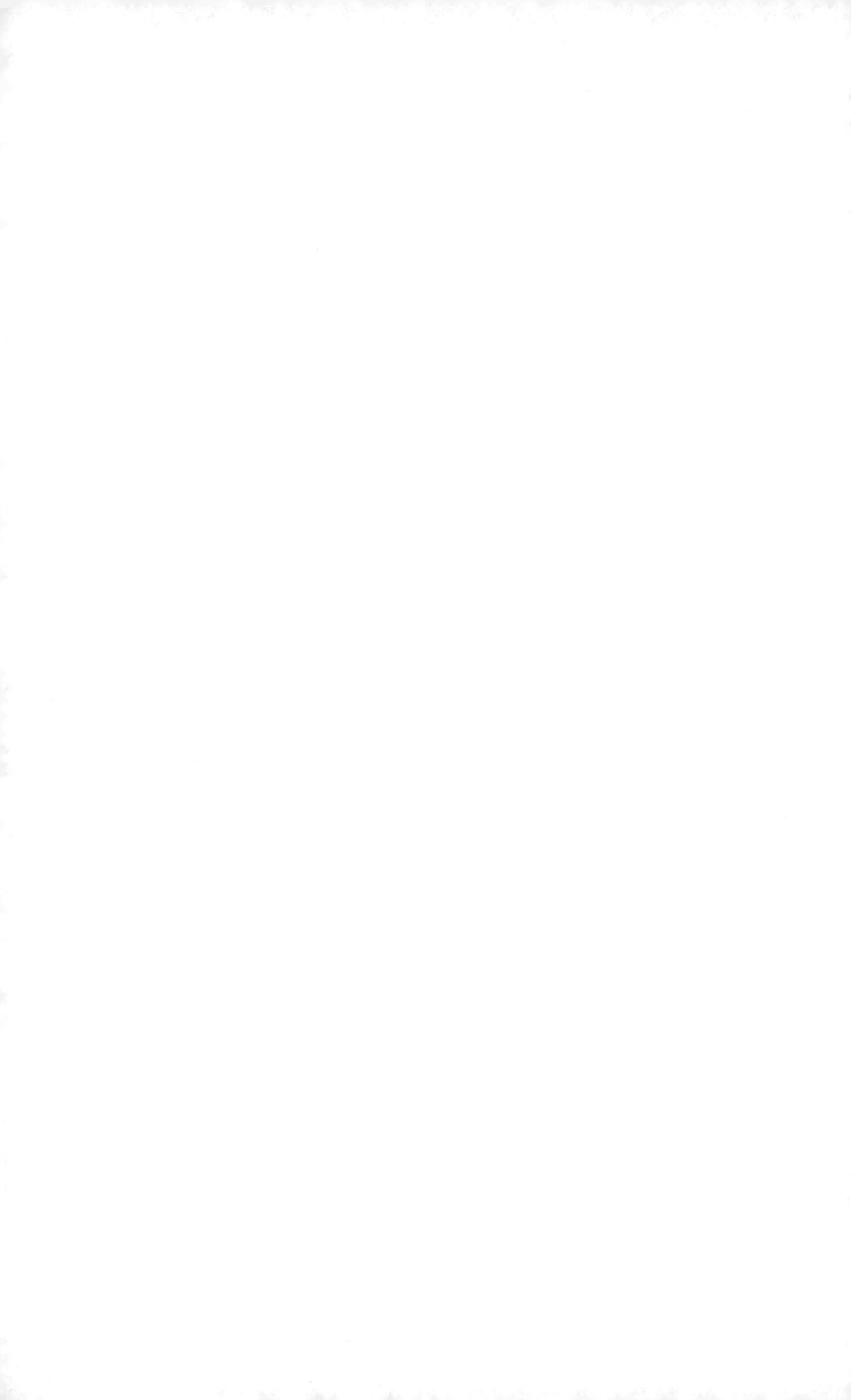

www.ingramcontent.com/pod-product-compliance
Lightning Source LLC
LaVergne TN
LVHW010623110826
845149LV00003B/1021

* 9 7 8 2 0 1 9 1 9 1 5 0 4 *